만인시인선 · 35
―――――――――
파두

이숙경 시집

파두

만인사

자서

언어의 맥을 찾는 동안
나는 늘 홀로였다.
우연히 여행중에 들은
포르투갈의 음악 파두가 그랬다.
나는 노래가 끝날 때까지
솜털 하나 꼼짝할 수가 없었다.
도저한 언어 밖의 언어를 꿈꾸며
오늘도 나를 소모시키고 있다.
첫 시집을 세상으로 내어보낸다.
내가 가진 언어가
파두였으면 좋겠다.

차 례

자서 ──────── 5

둑길 ──────── 11
수다스런 새떼 ──────── 12
밤바다에서 ──────── 13
내 안의 사진찍기 ──────── 14
질주 ──────── 15
파두 ──────── 16
사랑초 ──────── 17
비파 여인 ──────── 18
실핏줄에 죄 엉긴 ──────── 20
가을 편지 ──────── 21
열두 시, 창 밖에 서면 ──────── 22
추신, 비 ──────── 23
가람 생가에서 ──────── 24
서빈백사 ──────── 25

차 례

무단 횡단 ——————— 26
두 남자 ——————— 27
하양 가는 길 ——————— 28
서녘 별빛 ——————— 29
구석진 자리 ——————— 30
외딴집 여자 ——————— 31
아버지의 유월 ——————— 32
물 속의 집 한 채 ——————— 34
달하 달아 ——————— 35
적천사 은행나무 ——————— 36
증도에서 ——————— 37
루드베키아 ——————— 38
빨랫줄 이야기 ——————— 39
빨강 머리 ——————— 40
파고다 재봉틀 ——————— 41
구슬바위솔 ——————— 42
나바위성당 ——————— 43

차 례

플로리다로 가는 ———— 44

폭포 ———— 45

어떤 肖像 ———— 46

문상 ———— 47

잠, 길들이기 ———— 48

자미원, 부는 바람 ———— 49

노숙 ———— 50

밀양에서 ———— 51

새터시장 ———— 52

바람의 영상 ———— 54

가만히 등 흔들어 ———— 56

가을 저녁 ———— 57

웃음 종지부 ———— 58

구름의 말 ———— 59

다섯 번째 이사 ———— 60

뜻밖에 ———— 61

그 해 여름 ———— 62

풀빛 한 때 ———— 64

그러나, 산 ———— 65

차 례

평행선 ──────── 66
수평선 ──────── 67
붉은 말줄임표 ──────── 68
천일의 아카펠라 ──────── 70
하늘길 ──────── 72
시나브로 ──────── 73
첫눈 ──────── 74
섬되어 떠나다 ──────── 75
새벽 네 시 ──────── 76
블랙 포스터 ──────── 77
빈혈 ──────── 78

| 시인의 산문 |
민무늬 사유 물결 ──────── 79

둑길

강물에 헹구어낸 초록 머릿결따라
비탈진 삶에도 설렘이 일고 있다

흰나비
나풀거리며
그 어대는 포물선

짙푸른 바람 한 자락 바랑에 짚어지고
가만가만 실눈으로 질경이 밟고 가는 길

하늘이
구름을 풀어
그만 아득해진다

수다스런 새떼

  하필이면 이른 봄 마른 뼈 죄 추슬러 시린 광선 끌어다 마디마디 내시경 찍는다 처방전 오르막길에 걸고 열병하는 나무들 수다스런 새떼가 앉았다 간 머리 위로 봄을 밴 전깃줄 어지러이 출렁거린다 터질 듯 진통을 참으며 흔들리는 저 풍경 허물 벗은 노을 지평선에 머문 자리 남은 빛 점멸하여 길을 지우는 저녁 코르크 마개를 열면 와인처럼 젖어드는

밤바다에서

어깨 굽은 사내들 토악질해대는 욕지거리
이젠 그만 등지고 싶어 파르르 떨고 있는 물결

회 칼날
일순 번뜩일 때
썰리는 영혼의 살점 같은

내 안의 사진찍기

숨도 쉬지 않고 들이마신 솔린액 오랄
거부하는 이물질을 스무 번쯤 비운 뒤
자꾸만 침몰하는 몸에 링거 주사를 맞았다

매 번 그랬듯이 두세 차례 찔린 끝에
간신히 찾아낸 혈관이 묻힌 자리
마지막 문신이라도 새겨둬야 할 그 자리

은밀한 곳으로부터 탐사가 시작되었다
긴 터널을 수색하는 카메라의 번뜩이는 눈
온몸에 공습경보가 발령된 오후 네 시

의혹을 부풀리던 오만한 그가 선고했다
대장이 예쁘네요, 역시 그럴 듯하게
내 안의 나를 보았다, 선홍빛무리 가득한

질주

사기는 꺾지 말고 애면글면 달려들어
어둠이 어둠을 꾀어 눈빛을 잠그어도
기다려, 탓하지 말고
길이 길을 터주리라

길 따라 가다보면 앞서거니 뒤서거니
닿는 곳 변방에 무거운 짐 덜어놓고
행여나 만날 수 있을까
바람의 뜰과 휘파람새

뼈 속까지 다 비우고 날다가 고사해도
매미처럼 목 메이도록 살 길을 완창하며
소멸된 시간을 지나
생환길을 달린다

파두

켜켜이 뜯어내 기타에 묶인 시신경
불어난 울음 밤새도록 범람하는 파두를
그렇게 움푹진 가슴에 넘치도록 받아요

수혈 받은 노랫말이 혈액형에 맞을까요
끝끝내 거부하면 각혈할 수도 있겠지만
때로는 눈부시답니다 미어지는 그 소리

허물 벗은 운명에 덧씌우는 긴 숙명
벗어도 그대로인 것 이제는 알았겠죠
그 봐요 달아나는 대신 온몸 젖어야 했어요

사랑초

희디 흰 磁器盆에 자보라 그득 담아
가는 줄기 쓰러질까 물조차 부시어 주니
오뉴월 이마받이하는 나비 같은 잎을 앉히고
붉으락 가을로 달아오르던 잎겨드랑이
연분홍꽃 피고 질 때 서리꽃에 허리 시려
기어이 다지고말아 가녘으로 물렸는데
잎샘에도 오그라든 잎 한 줄기 발라내어
밤마다 달물결에 애잔하게 부친 기도
당신을 버리지 않는 에움길을 찾는다

비파 여인

에워싼 현의 소리
낮은 곳을 읊조리며

연잎이 조리질한 소리
연지 가득 가라앉힌다.

이국땅
외진 하늘가
홍련으로 피어난 그녀

소리는 몸을 타고
몸은 또 소리를 타고

고갱이를 관통하는
붉은 그녀, 흰 손가락

숨조차

들락날락 못한 채
彝族舞曲* 흡입한다

---

*중국 운남성 이족 청춘 남녀들이 전통 명절인 횃불절을 맞은 기쁨을 노래한 곡

실핏줄에 죄 엉긴

활화산에 구워 낸
순도 높은 손가락지

열 손 끝 체온에
감전된 그 속삭임

응고된
그리운 기억들
실핏줄에 죄 엉긴다

그 마음 오롯이
부치지 못한 지 오래

말초신경 몇몇쯤
질식해도 모를 일

자판에
두들겨 맞은
글자들만 무성하다

가을 편지

가을볕에 마블링된 잎새마다 보인다
연한 물이 올라 이내 마르고 있는
어룽진 나무껍질에 이따금 새기는 안부

포란 저고리 안섶 꽃씨 몇 줌 간직한
샐비어빛 웃음 바람결에 흩날릴 즈음
내 마음 마블링되어 저리 타오르는 서녘

열두 시, 창 밖에 서면

는개, 내리는
늦가을 밤 숲길

드러누운 긴 척추를
재근재근 밟고서

가슴 속 둥근 터널로
들어오는 너의 몸

갈비뼈 펼쳐진
옆구리 간이역

밤마다 한 몸되어
별밤을 난무하다

갈림길 한 모퉁이에
전봇대로 또 섰다

추신, 비

누구도 젖지 마라
허구를 치는 밤비

촉각은 오래도록
세밀화를 그렸다

착색된 진피의 어둠
헝클어뜨리는 시간

나날이 겨운 관성
붙잡는 파리한 손으로

저장된 메일을 연다
어슴푸레한 닉네임

처마 끝 듣는 빗소리
기억의 초점 뚫는다

가람 생가에서

원수제 붕어 비늘 미끄러지는 말결 여산
바람 코에 미늘 걸려 시심 잡힌 해질녘
조붓한
들길로 끌려드니
가람 생가 모정 앞

봄마다 탱자나무 흰 꽃을 머리에 꽂고
이백 년 수절하여 지켜온 사랑채 곁
배롱꽃
죄다 붉어져도
생가시만 더 돋쳤나

뒤란 대숲에 이는 바람 궁기 난 장독 일으켜
떫은 말맛 바스러지도록 절구통에 찧어 담아
익어서
장맛같이 뜨면
詩옥살이 면할까

서빈백사

 바람은 활이 되어 겨울바다를 켭니다 가락에 나부끼는 에머럴드빛 치맛자락 버선코 들며나면서 물방아질 휘파람소리

 산호무리 죄다 흔들어 자맥질로 끌어내고 내달은 간조 해변에 염장한 하얀 절개 심연을 모반한 참회 발톱 속을 파고듭니다

무단 횡단

저 건너 꿈의 궁전에 잔치가 있나보다

질주하는 차들보다 마음만 앞질러가

부추겨 차도를 건너는 칠순의 느린 걸음

여럿이 나선 길이라 두려움 잊은 건지

노인의 깊은 눈에 서두르는 기세 없어

끄르릉 성화 부리다 마뜩찮게 길을 내준다

해감한 노년의 모습 잠시나마 갈마든다

저기 저 횡단보도 생청스레 놔둔 채

쫓기듯 그 한계 꿈의 궁전에 이르지 않으리라

두 남자

모른 척 해버릴까
아는 척 해야 할까

핏발선 눈빛으로
서로가 등 돌리고

난감한 제 모습 탓하며
거울 앞에 서 있다

지난 밤 들이킨 술
흠흠거리는 엘리베이터

내뱉는 비릿한 숨에
섞일 듯 위태한데

함부로 내 숨 끌어다
필터 가는 두 남자

하양 가는 길

한 사나이가 웁니다, 나도 따라 웁니다
눈물 대신 웃음으로 보내고 싶은 사람인데
때늦은 울음주의보 경계할 수 없습니다

서로 다른 까닭이라 묻지 않아도 압니다
습관처럼 달려 온 사십 년된 아침길
그곳에 당신의 이름은 퇴직자로 남습니다

떠돌며 살아온 삶이 먼 행성의 일 같아
나누는 이야기마다 공통분모 아스라할 때
힘겨운 톱질로 자르던 허탕 같은 나이테

굵은 목에 어색하게 걸린 인생의 압축파일
훈장이 빛나는 동안 얼굴에 핀 저승꽃도
돌아가 머물 들녘에 자운영처럼 붉습니다

서녘 별빛

닻나무 걸치려던 나긋한 햇살 둔부
화살나무 겨눈 화살 비스듬히 터뜨린다
섬 그늘 거둔 바다에 비릿한 붉은 낙인

휘감겨 오그라진 수화기 내려놓는다
해묵은 문서처럼 섬을 두고 떠난 그녀
바닷가 땅끝 모서리 다 닳도록 우는 파도

사방 섬 문 열어 바람에 수소문해도
수장시킨 먼 기억 철새처럼 좇지 않으리
켜켜이 절인 그리움에 닻 내리는 서녘 별빛

구석진 자리

식은 밥알 서넛 바람이 핥고 간다
푸른 눈빛 굴절되는 찌그러진 개밥 그릇
어둠의 분열을 마친 부름켜에 별이 돋는다

돌지 않는 척 도는 지구 현기증을 참아가며
지상에 갓 피어난 불빛으로 들어간다
뒷골목 아나키스트가 되고 싶은 밤이다

아무도 앉지 않는 구도에서 벗어난 벽
불판 위 지절지절 육즙으로 익는 시간
오른손 따라주는 잔 왼손 알아 마신다

외딴집 여자

말발굽 박자 맞춰 바람을 젓는 그 여자
술통 실린 달구지를 백마는 버리고 싶은 듯
흙먼지 돌투성이길 툴툴거리며 지나갔다
목젖 녹녹히 스치는 단내 나는 술잔에
마누라 뱉는 한숨도 아득히 삼키던 동네
밤마다 외딴집 여자는 사내 가슴에 등을 켰다
팍팍한 삶의 등짐을 이슬 맞혀 받던 웃음
백마가 죽은 뒤 점쟁이가 된 그녀,
소문이 증발하지 못하는 고향을 떠나 버렸다
거울을 볼 때마다 채찍질해 달려오는
걸쭉한 그 음성 내 흉터에 들어붙어
둥그런 얼굴에 갇힌 긴 머리칼 걷어낸다

아버지의 유월

노인 병동 내리막길
휘청거리는 꽃대 가득

옹근 웃음 곰비임비
열꽃으로 피어나

머물다
가는 눈빛에
花印을 찍는다

먼발치로 달아나도
끌려오는 저린 마음

무덤 찾아 울지 말고
자주 오라던 유언처럼

아버지,
그 유월이면

접시꽃 더 붉네요

누군가 길을 떠나는
지상의 마지막 저녁

꽃등을 층층이
만장으로 뒤세우고

표표히
구름에 섞인
물빛 영혼 오른다

물 속의 집 한 채

물소리 자아올리는
쇠물고기 몇 마리

산새울음 슬며시 물고
깊숙이 내려간다

물 속에
한 채의 절을
짓고 있는 것이다

푸른 대숲 바람이듯
저리 맑게 울어도

기울어진 온 세상
어쩌지는 못 한다

저 물 속
한 채의 집이
솟아오를 때까지

달하 달아

 아낙네 엉덩이에 깔려 수십 년 뭉갠 길을 S라인 허리춤 추며 달아로 떠난다 연하의 섬 눈빛 총총 숨죽인 열병한다 뭍 하나 살덩이 잘라 재생한 플라나리아, 촛대바위 붙잡고 삼투압의 경계를 넘어 미남리 소둔에 이르거들랑 젖먹이처럼 안겨 보라 파도 가락인 아재 목소리 니 이제부터 붙여 놀끼다 아직도 양푼 하나에 생멸치 초고추장 쳐서 숟가락 대여섯 달겨들어 후루룩 떠먹는 달하 달아

적천사 은행나무

팔백 년 나이테에 바람이 가사 두르고
은행잎 잎파랑이 노릇노릇 설법 익어
적천사 오가는 대중 바라보는 경전이다

가지마다 꿈을 꾸는 저 자바라 순음을 내어
비구름 몸풀이한 하늘에 열반하고
산사에 향기 나는 소리 길허리를 감는다

구원을 받으려는 이 질척한 고행길로
반기지도 내치지도 않는 적막을 짚고 와
이념은 온 데 간 데 없고 풍경만이 흔들린다

증도에서

붉은 황토밭 입질하는 초록
숨죽인 갯벌 휘휘 돌아

마중 나온 섬 바람은 울어
낡은 풍금 두드린다

죽으면 죽으리이다
철부도선 끄는 핏빛 저음

루드베키아

두어 달 쇠말뚝에
감아둔 운문사길

햇살 한 촉 망막에 박혀
산란한 새로 한 시

진노랑 루드베키아
길눈을 막아선다

검버섯 더께처럼
피어오른 얼굴마다

하염없이 멈춰 서서
손끝으로 볼 비비니

하르르 푸서릿길에
꽃눈깨비 속잠든다

빨랫줄 이야기

드러난 굴곡 감추려 에워쌌던 품 넓은 옷
사춘기 그 한때를 달래며 어루만지며
바람이 꼬투리 잡힐까 딸의 눈치 살핀다

온쉼표 모양새로 늘어진 굵은 팔다리
뭉글뭉글 새어나온 땀방울 거둬 마신
남편의 옷가지에서 들큰거리는 콧소리

상처 아문 부스러기 내 어깨 기대 털며
매끄러운 살갗으로 돌아가려 잠꼬대하는 옷
아토피 시달리는 아들 도려낸 가슴 크기다

등 넓은 부채되어 서로 부채질하며
옷자락 가득 숨겨진 올올이 다른 사연
한올진 인연으로 묶여 여름 햇살 베어문다

빨강 머리

변덕스런 내 마음이 가위에 붙잡힌다
비명 지를 겨를도 없이 숨을 거둔 머리칼
너무나 낯선 얼굴이 일그러지는 거울 속

노화를 향한 반동으로 살아가는 몸뚱이
뜻밖에 정체된 생각 일일이 허물어뜨리며
그 속에 소문난 일상 이스트로 부풀린 채

한 여자 미용실문 덜컥 여는 순간
숨 가쁘게 달아나던 타인의 긴 머리칼
그때다, 더불어 떠나려던 도발을 결심한 건

초록을 내지르는 능수버들 강 언저리
오그라든 가슴팍 여울물에 적신다
기억이 대나무 뿌리처럼 거칠게 파고든다

금기처럼 새겨진 빨강 머리 빨강 글씨
투명한 유리 너머 거리낌을 죄다 자르는
그 여자 왼손 가위질 오늘도 섬광이다

파고다 재봉틀

끊어질까 수억 땀 조바심으로 굴렸을 바퀴
까다로운 셋째가 육남매 중 힘들다며
노루발 한껏 젖히면 졸아들던 어린 맘

프릴 단 원피스 차려 입던 그 기억
고장 난 재봉틀 머문 자리 푸른 모니터에
어머니 새겨진 손매 환하게 읽혀집니다

홀깃 몸매만 봐도 바스트 몇 웨이스트 몇
눈대중 선을 그어 자르르 마름질했기에
장롱 속 줄자 곡자는 하릴없이 누웠었죠

반백 년 낡은 다리 삐걱대며 버티는 발판
종아리 포갠 발등 따갑게 꾸짖 듯이
뭉개진 제조 연월일 부스스 떨어집니다

구슬바위솔

보면 볼수록 슬며시 본다
작은 세상 여닫는 숨결

찻잔에 올려놓은
설익은 내 마음도

바위솔,
소담한 눈빛
너를 보면
일렁인다

나바위성당

여울지는
종소리에
꽃잎 지는 붉은 철쭉

남기고 갈 일 지우고 갈 일 끌어안은 저 강물

한세상
거둬들인 그의 말
읊조리며 흘러간다

플로리다로 가는

누군가 건네준 시를 보고 보낸 편지
유년에 떠나온 아득한 지명들은
첩첩이
산 좋고 물 맑은
기억으로 남아서

철자는 간혹 틀려도 잊지 않은 모국어로
그리움의 정체를 묻는 플로리다 낯선 남자
가여운
중년을 위해
답장을 써 보낸다

비 내리는 가을 오후 막연한 그에게
우체국 특급 등기로 배달될 안부는
단숨에
불거져 나온
반도에 닿으리라

폭포

찢겨진 상소문이 흩뿌려져 날리는 듯

지축 내리 누르는 천의 말발굽 소리

가슴을 짓누르는 밤 흉통 도져 치받칠 때

연한 속살에 이는 은밀한 모반의 기운

치솟는 자존의 정수리 더 이상 누를 길 없어

마침내 추상같은 격정 순교 당하는 저 벼랑

어떤 肖像

흐린 불빛에 돌연
어지럼증이 일어

불태워 밝히고 싶은
어둔 저 가슴 한복판

천천히
들이 붓는다
몇 잔 검푸른 독주

입 닫고 눈 닫고
귀마저 틀어막던

차마 못 깨뜨릴
오랜 고독의 뼈대

누군가
나무마치로
바스러뜨리고 있다

문상

꿈길 가만 내려
다녀간 보라꽃 상여

상처 많은 그녀에게
너무 이른 그 소식

가랑비
꽃길에 젖어
가랑가랑 지는 봄날

김 서린 하얀 밥과
뜨거운 육개장을

영정에 마주칠까
눈길 한번 주지 않고

이승의
일인 것처럼
꾸역꾸역 넘긴다

잠, 길들이기

헤이 미스터 빅 웃으며 못다 한 말
벽 속으로 뒷걸음쳐 사라지는 미스터 빅
플러그 블랙박스에 그 흔적 선명하다

어둠 헝클어진 방 휘어진 목뼈 추스른다
적갈색 쓸개즙으로 터져버린 쓰디쓴 생각
무례한 소음에 섞여 뇌수로 엉겨 붙고

술 취한 사내 입에서 순풍 낳은 새끼들
짐승처럼 떼를 지은 흉흉한 창 밖 광장
포물선 휘청거리며 떠도는 밤 공그른다

독을 쏜 채 길 끊으며 막차가 떠났다
맑혀야 할 수만 갈래 어지러운 내부의 길
망설인 그 오래된 습관 해체할 시간이다

자미원, 부는 바람

반질한 가지마다 햇살 부르는 소리
내던진 입말에도 몸이 단 배롱나무
무등산 노을빛 풀어 고즈넉이 달랜다

낯선 별빛 떨어지는 댓잎술 마지막 잔에
짓치듯 잘바닥거리는 외딴 무논 개구리 울음
어둠이 들먹이는 길 곤한 몸 부려 나선다

조막 같은 거리등 먼 데서 빛나는데
실눈 뜬 길허리 나무들만 읽는 뜰
떠나는 길손은 잊고 바람만 재고 있다

노숙

구부정한 사내의 손
작은 역 훑고 간 뒤

줄지어 기다리는
바람 뒤에 따라 선다

헤묽은
햇살 지나간
어스름 녘 변두리

절룩거리다 닳아버린
관절을 움켜 쥔 채

대반전 기사에 덮인
얼룩진 일회용 삶

아는가,
개밥바라기
살아야 할 내일을

밀양에서

잊히지 않기 위해 끝내 변하지 못한
작은 역 구릿빛 철길 녹슨 시간 지나
소롯길 머뭇거리는
한여름 풀꽃을 본다

은밀히 흩뿌린 햇살 차려 입은 저 강물
풀잎처럼 놓쳐버린 긴 세월 떠돌지만
투명한 기억을 낚으며
빽빽이 들어서는 너

저무는 산장에 비바람 밴 흙냄새
멀리서 들리는 흑피리 가락처럼
떠날 때 부르고 간 노래
밀양이 다 젖는다

새터시장

하루치 삶을 펴서 전대에 두른 새벽
손마디 굵은 아낙네 셈은 더디어도
칼질에
뱃가죽 얇아진
도마는 신명이 난다

잠 덜 깬 우럭과 광어 살점이 썰리고
자지러진 장어가 창백하게 드러누워
'주이소'
사투리에 그만
긴 기억을 잊는다

환청의 파도 소리 밀려오면 등을 세워
지느러미 흔들어대 감칠맛 더 나는
열 마리
떨이 전어로
파장이 되는 새터

트럭에 실려 온 사내 얼굴에 동이 튼다
배 밑바닥 스크류에 한 팔을 잃었어도
바다를
어림셈하며
수평선을 키질한다

바람의 영상

쓰레그물 몰래 친 어촌 마을 한 어귀
붉게 해바라진 바다 피어오르는 바람꽃

애절한
치어들의 꽃넋을
파도가 씻김굿한다

선머슴바람 여남은 흔들어대는 유리창에
바닷물 서너 동이 밀물처럼 쳐들어와

비릿한
삶의 그림자
통째로 걸어간다

갯가를 뒹굴다 고샅을 나뒹굴다
피 한 사발 토해낸 돌멩이 설움이

동강난

밤을 할퀴어
여윈잠 낚아간다

가만히 등 흔들어

그가 머무는 곳 거대한 침엽수림 지대
세상과 단절된 파찰음으로 교신할 때
새처럼
죽지 오므려
가만 누워 듣는다

십 수 년 주를 달아 찾고 있는 이단 언어
누구와 소통하는 걸까, 서먹한 두어 시간
가만히
등을 흔들어
말소리 떨어낸다

창문 틈 달아나던 고요가 주저앉고
눈 감고도 돌보는지 수백 분 꽃숭어리
은밀한
콧 속에 들어와
자분자분 피었나

가을 저녁

   1
사원 붓 한 자루 적막 속에 남기고
토르소가 되어버린 활엽수의 저물녘
시간의 바퀴살에 채여 흔들리고 있다

   2
전지되어 흩어진 갖은 마음의 허물들
빼곡이 추슬러 담아 푸른 별로 뜨는 저녁
바람은 낮은 데로 내려가 이른 잠에 드는데…

   3
돌담에 기댄 채로 마르고 있는 수숫대들
이젠 무엇으로 남아 홀로 흔들려야 하는지
온몸에 파고드는 어둠 파르르 떨고 있다

웃음 종지부

느닷없는 전화벨 소리에 온몸이 허공에 뜬다
해뜰 녘 덜 깬 꿈을 북어살처럼 뜯어내고
목 밑에 신경다발이 곤두서는 부음 한 통
여원잠 파고드는 서늘하게 낯선 얼굴
미루나무 빗자루 들고 있다 쫓는 건데
황망히 바라보다가 놓치고만 그녀가
자궁암 끝내 달고 영정 속 웃는 얼굴로
난데없이 저승길 꽃무덤 가는 동안
가슴에 증명사진 한 장 파편처럼 박혀와
나달 지나 사진관 들른 무표정한 내 얼굴에
갖가지 두려운 표정 주문하는 사진사
귀치레 거탈 웃음이 쓴웃음처럼 낯설다

구름의 말

벌 나비 찾지 않는
향기 잃은 무채색 꽃들

시리도록 푸른 늪에 검버섯처럼 돋아올라

이따금
터뜨리는 울음
봄 산비탈 적신다

다섯 번째 이사

젖은 짐 내려서면
손뼉 치는 두 아이

세간을 닦기 전
찾아오는 편두통

한나절
비는 내리고
눈앞은 흐릿하다

내일이면 낯선 만남에
울먹일 것 뻔한데

형광등 불빛 아래
설레발치는 그림자

혼자만
유목민처럼
떠나온 사막 사른다

뜻밖에

'나야' 외치는 바람에
움찔하는 전화기

흩어놓은 빙고 판 그 이름 더듬거린다

틀렸어
비명의 판결문
그녀가 파닥거린다

오래된 자취 이야기
뜨개질하는 주말 오후

쪼그라진 실타래 뜨거운 김 오른다

가슴섶
부풀어오르는
십대의 먼 한때

그 해 여름

간이역 다녀온 그 날
웃음소리 사라질까봐

근육무력증 진공청소기
비번을 세웠습니다

마당귀
훑어 온 꽃향기가
살뜸으로 스며드는 오후

칠순 나이 받쳐 든
어머니 가는 발목

치맛자락 사이
깊은 시름
쭈글거리는 동안

한여름

입김으로 온
뜨거운 기차 떠났습니다

풀빛 한 때

젖은 눈빛 비무리 집달리로 내려온다
뒤뜰 가득 겨누어 가압류된 풀들의 삶
뿌리를 박음질한 것도 씻지 못할 죄가 될까

가채를 쓴 수국이 들어앉은 다산의 꽃밭
여름 햇살에 둥글린 포도알 바라보다
본능이 불거지는 풀씨 사방으로 터진다

바람이 예감하는 요절은 다 잊은 채
레지스탕스 후예처럼 파고드는 질긴 죄 몫
푸서리 풀빛을 보면 이 한 철 내주고 싶다

그러나, 산

먼지처럼 한없이 떠돌고 싶었다
붉은 실핏줄 같은 맨땅이고만 싶었다
그러나, 촘촘히 박혀드는 나무들, 아아 나무들

강풍에 휩쓸려 마구 흩날리고 싶었다
홍수에 밀려 와르르 무너지고 싶었다
그러나, 골짜기마다 산그늘 이리 무거운 것을

평행선

갓난 아기새 울음 동심원을 그리는 새벽

흐릿한 먼 땅 끝
일탈의 섬뿐인

분기점
산 비탈길에
에고이즘을 지고 선다

깊게 패인 웅덩이에 시름 하나 내던진 날

일정박을 타고 나오는
나선형 저음들

공존의
그리움 한 움큼
골짜기에 묻는다

수평선

바다와 하늘이 아스라이 부딪치는 곳

맹목의 이분법을 넌지시 일깨우듯

끝 모를 수심에 잠긴 눈썹달로 떨고 있다

붉은 말줄임표

1
푸른 별빛에 씻긴 미명의 언어들을

채반에 건져 올려
내려다보는 자리

가난한
영혼이 안은
울음들이 고여 있다

2
들끓는 파도를 재울 즈믄 피리 불 듯

오랜 톱질 끝에
쌓이는 톱밥 향기

온몸에
스며드는 것

밀어내지 않는다

   3
무수한 구름의 붉은 말줄임표 같은

뼈대 빈 가슴의
새들이 닿는 하늘

얼음장
그 속을 뚫듯
울음들을 꺾고 있다

천일의 아카펠라

바다를 귀에 채운 파도의 아카펠라
두려운 그 음성 낮은 방을 휩쓸어

밤마다
엉킨 잠 풀던
스페인 세레나데

낮이면 빛과 색에 부풀려진 망막
아무 일 없던 것처럼 우둔함 감추게 하고

인생의
시그널되게 하라
가혹하게 길들여져

참을 수 없던 그 바다 철새처럼 떠났지만
언덕배기 넘어설 때 길길이 따라선

소금기

간절인 세월
두고 올 수 없었네

하늘길

오목눈이 흔드는 나무 비척비척 지팡이 삼아
가슴골 기울인 숲 물 한 모금 축이며
바람이 한나절 비질한
돌계단에 오른다

쌀 봉지 그러쥔 손 미어질 듯 불그레한 여인
하늘길 더듬어 올라 나반존자 마주하고
잘난 척 떠들추는 몸뚱이
풍경소리에 씻는다

열어젖힌 산문에 흔들리는 혀뿌리
속내 밟힌 내 그림자 바스락 으깨지는데
이나마 햇살만 축내는
허한 껍데기 쥐고 섰다

시나브로

실실이 뼈대에 감기는
민무늬 사월 한낮

함초롬히 풀빛 내린
사뜰 지나 지평선 너머

바람이 굴리며 가는
햇살 두른 굴렁쇠

첫눈

햇살이 지르밟은 유효기간 표시처럼
바람이 처단해야할 모반의 문서처럼
흩어진
잎맥이 남긴
빗살무늬 프로타주

눅눅한 눈빛으로 보도블록 위에 서서
불변의 법칙에 순응하는 나무들
층층이
드러난 쇄골로
가쁜 숨을 젓는다

빛바랜 차에 끌려 모서리로 가는 시간
어슷하게 매어둔 하늘 골목 끝에서 끈을 풀면
물컹한
회색 기억 밖으로
휘청걸음 그가 온다

섬되어 떠나다

썰물 녘 징검다리 맨발로 새겨둔 말
허공에 뇌까리는 수크령 독백 같은 것

섬 대신
바람에 찢겨
된소리로 우는 흑염소

그 눈물에 몸 불린 섬 주저앉는 발목 끌고
아지매 비설거지 끝난 선창가 닿는다

막배 탄
한 톨 내 몸도
삽화처럼 섬이 된다

새벽 네 시

반항할
겨를도 없이
어둠 속에 내몰렸다가

또 한번 어쩔 수 없이 맞는 미명의 연푸른 길목

두 손에
그 빛 움켜쥐고
눈을 내려 감는다

블랙 포스터

어둠이 내려앉는
미혹한 의식 저편

금간 유리 파편에 성긴 잠이 움찔한다

고양이
외마디 소리
비로 씻어 은닉한 밤

빈혈

너를
찰나의 백시로 벌하노라

밥줄만 챙겨
몸을 불리고
핏줄은
굶겨도 사니?

혓바닥
절대 미각이 시키는 대로만 산 거니?

| 시인의 산문 |

민무늬 사유 물결

    *

  사람의 감정은 일파만파 번져가는 파도의 무늬와 닮았다. 음악은 언제나 사람의 마음을 사로잡는다. 슬픈 음악일수록 사람 마음에 이는 파장은 더 크다.
  가수 아말리아 로드리게스의 우수에 젖은 목소리를 듣는다. 뜻도 모르는 노래를 부르는데 가슴이 왜 그리 무너지는지. 슬픈 가락이 국적을 초월하여 공감을 줄 수 있다는 사실에 놀라울 따름이다. 그녀는 오래 전의 사람이었는데도 말이다.

    *

  등대섬에 잠시 머물렀을 뿐인데 구름은 삽시간에 서로의 몸을 교류하며 비를 쏟아버릴 모의를 한다. 서둘러 등대 밑으로 내려왔을 때 잠시 몸을 갈라 나를 건네

주었던 물살이 빠르게 몸을 섞고 있다. 몸을 섞은 물은 자신의 몸에 내 발을 짚는 것을 허락하지 않는다. 자꾸만 쓰러뜨리려 밀어낸다. 금방이라도 떠내려 갈 것 같은 물살을 헤쳐 돌아가는 언덕에 올랐을 때 소낙비가 가슴을 내리친다.

 바람은 나무들을 몇 그루 쓰러뜨리고 갈 듯 강성하다. 언덕에 있던 흑염소들은 그 불안함을 견딜 수 없는지 섬이 떠내려가도록 일제히 울어댄다. 고막이 찢길 듯한 처절한 울음을 등지며 선창가로 향한다. 선창가는 갑자기 내리는 비 때문에 좌판을 치우는 여인들의 손이 분주하다. 한 발짝 앞으로 나갈 수도, 뒤로 물러설 수도 없는 선창가에서 온몸이 다 젖도록 흠씬 비를 맞는다. 몸을 따뜻하게 데워 줄 술 한 잔도 그 효능을 믿을 수 없는 상황, 이성을 잃은 듯 했던 비가 잦아든다.

 선창가에 서서히 어둠이 내리고 막배가 도착한다. 무거운 이 한 몸 섬처럼 자꾸만 배에 떠밀려 항구로 돌아온다. 하마터면 물길에 휩쓸려 시 한편 놓칠 뻔 했다.

 *

 사막의 유목민처럼 이삼 년에 한 번씩 타시도를 떠돌아 다녔다. 이십대 초반에 아무도 알지 못하고 한 번도 가보지 않은 곳에 살아보려는 동경 때문에 무모한 선택을 했던 것이 화근이었다. 나이를 먹어도 나의 의지와 상관없이 이사를 다니게 된다. 한번 사람을 알면 그 사람과 평생 인연을 이어나가는 것이 내 신조라고 생각했는데 이삼 년에 한 번씩 낯선 사람들과 대면식을 치룰 때의 어색함이라니. 아무도 나를 깊이 관찰하지는 않겠지만, 낯설고 새로운 곳에서 타인의 관찰 대상이 된다는 것은 언제나 큰 부담이다.

*

정월 초하루 친정가족이 모여 성묘 가는 길에 가람 이병기 생가를 들렀다. 내가 태어난 곳에서 십여 분만 가면 도착할 수 있는 곳을 나이 마흔이 다 되어서야 시인의 고향을 찾았다. 모정 옆에 서 있는 탱자나무가 참 인상적이다. 수령 이백 년을 넘었다는데 해마다 수절하는 여인처럼 흰꽃을 머리에 꽂고 가람의 생가를 지켜왔을 것이다. 詩애옥살이 같은 눈물겨움이라니.

*

매일 같이 잘 먹는 내가 건강 검진을 받으니 빈혈이다. 너무 어이없는 일이다. 그동안 6대 영양소를 잘난 척 꼬박 챙겨먹으면서 내 핏 속에 흐르는 헤모글로빈의 수치는 아이러니하게 부족하단다.

　난데없이 장이 꼬인다. 두려움에 찾은 의사는 내 몸을 관장하고 있는 신처럼 겁을 준다. 솔린액 오랄로 한 번도 비워본 일 없는 내장을 몽땅 비워 오라고 한다. 비위가 약한 사람이 한 모금 넘기는 일도 힘든 기이한 맛. 스무 번도 넘게 화장실을 오락가락하다 거의 실신할 지경이 되어 병원을 찾는다. 의사는 농담을 해가며 대장을 샅샅이 검사한다. 환한 빛이 전진할 때마다 꼬불꼬불한 대장에 혹여나 무엇이 붙었을까 긴장을 늦추지 못한다. 대장의 마지막 부분에 이르러 마침내 그가 선고한다. 선홍빛으로 붉은 대장을 보고 "대장이 참 예쁘군요."하고. 앞으로 몇 년은 안심하고 살아도 될 것 같다.

　*

　쇼팽은 예술이란 영혼을 담아 느낌을 충분히 표현하는 것이라 했다. 나의 시에 담긴 영혼과 느낌의 함유율을 살펴본다. 타인의 기괴한 행동이나 자신의 온갖 것을 드러내놓는 예술적 어떤 방식이든 간에 긍정적으로 수용하면서 정작 자신에게는 냉철해서 끊임없이 내부를 단련하여 언어를 금속성이 느껴지게 만들고 때로는 상대를 모호하게 만들기까지 한다. 이제 내 시에 비를 맞히고 싶다. 그리하여 축축하게 늘어져 바지랑대를 받치는 일이 있더라도.

　　　＊

인간은 때로 나무만도 못하다. '음 오늘은 누구의 몇 대손이 이 산길을 넘어 오고 있네…' 만물의 영장이라는 인간은 사실 한 자리에 서서 수백 년을 버티는 나무만도 못한 삶일 수도 있다.

저물녘 적천사에 갔다. 고려시대 보조국사 지눌이 지팡이를 꽂아 자랐다는 은행나무가 팔백 년 수령을 알려주 듯 가지마다 은행을 휘늘어지게 달고 있다. 은행잎 하나하나가 오가는 대중에게 경전을 읽게 해준다.

인간은 무수한 이념을 만들어 세뇌시키는데 은행나무는 아무 말 없이 서 있는 절집 한 채이다.

　　　＊

출근길 한 달에 한두 번은 검은 리무진에 조화를 붙이고 노인 병동에서 내려오는 장례차와 마주친다. 내리막길에 예닐곱 살의 아이들이 든 만장처럼 붉은 접시꽃들이 서 있다. 유월에 세상에 오시고 유월에 세상을 뜨신 아버지가 이때쯤이면 더욱 생각난다.

꽃대 하나에 수없이 많은 꽃송이를 달고 있는 접시꽃은 자식들 같기도 하고 아버지의 손주 같기도 하다. 이승의 붉은 꽃을 등지신 아버지는 한번이라도 날 굽어보실까? 늘 바쁘다는 핑계로 자주 찾아뵙지 못한 딸을.

*

60년도 넘은 기와집. 한때는 '三省堂 百忍堂' 글귀 아래 쓸 만한 위용을 자랑할 때도 있었지만 요즘 집들에 비하면 낡을 대로 낡아 볼품없는 집이다. 그 집 모퉁이에 너무 낡아 처분을 기다리는 재봉틀 한 대가 있다. 어머니께서 혼수로 해 오셨던 파고다 재봉틀이다. 친정에는 어렸을 때 장롱에 많은 옷본과 재봉용품이 있었다. 그렇지만 어머니께서 그것을 사용하는 일은 거의 없으셨다.

어머니께서는 체형만 봐도 옷을 만들 정도로 달인이셨다. 하룻밤 자고 나면 다 만들어진 옷을 만들어 우리에게 입혀 주셨다. 여자는 솜씨가 있어야 한다고 결혼 전에 양재도 배워 오시고 미용도 배워 오셔서 시골에 살면서도 육남매가 언제나 단정하게 머리를 하고 다니고 제대로 된 옷을 입고 다닐 수 있었던 것 같다.

그런 어머니께서 칠순의 노인으로 변하셨다. 이제

사탕을 입에 물고 행복한 얼굴을 하고 계신다. 어머니의 솜씨를 계승할 수는 없지만 낡은 재봉틀을 차에 싣고 왔다. 삭은 쇳조각이 떨어지는 재봉틀 다리에서 제조 연월일이 부스스 떨어진다. 락카로 금장을 하여 그 위에 강화 유리를 얹어 놓았다. 내가 사용할 모니터와 자판기도 올려놓았다. 이제 치르르 돌아가는 바퀴 소리 대신 다닥다닥 치는 소리를 들어야할 자 봉틀 다리.

*

삶을 누구보다도 열심히 살았던 그녀가 젊은 나이에 요절을 했다. 그녀가 병에 걸렸을 것이라고 생각해 본 일은 없다. 삶을 철저히 관리하며 현실적으로 풍요롭게 살았기 때문에 그녀의 영정 사진은 죽음을 예상하지 못한 얼굴이다. 남아 있는 사람들을 향해 극구 웃고 있다. 그 뒤로 증명사진을 찍는 일이 두려워진다.

증명사진이란 것은 삶의 종지부를 찍는 최후의 모습처럼 비장하게 느껴진다. 사진관 주인이 끊임없이 예쁘게 찍혀야 한다고 이 표정, 저 표정 주문하는데 계속 NG. "왜 그렇게 안 되죠?"하는데 한 번도 그렇게 웃어본 일 없다고 딱 잘라 말한다. 웃으면 그 사진이 이승의 마지막 사진이 될 것 같은 두려움 때문이리라.

*

 낮에 창 밖으로 보이는 바다는 신이 내린 축복처럼 늘 눈부시게 아름답다. 바다의 야누스적인 기질을 마을 사람들은 다 알고 눈치껏 살고 있는데 예민한 내겐 끝없는 분리일 뿐이다. 밤만 되면 파도 소리와 파도에 제멋대로 휩쓸려 따라오는 자갈 소리 때문에 신경 세포가 모두 초긴장 상태가 된다. 파도 소리는 소음을 넘어 고통과 두려움이다. 가만히 있는 창을 수시로 건드리는 바람 또한 밤새도록 까닭 없이 나를 괴롭히는 훼방꾼이다.
 다시는 그 바다에 가지 않으리라. 내 울음 보태어 염도가 더 높아졌을 그 바다. 언덕을 넘을 때 얼마나 맹세했던가. 그런데 운명적으로 그곳과 인연이 되어 시시때때로 가게 된다.
 명절이 되어 어촌 마을의 작은 구판장에 들렀다. 고향을 찾은 젊은이들이 모두 모여 술판과 화투판을 벌여 놓고 악다구니를 써가며 섣달 그믐을 넘기고 있다. 고함을 지르는 듯한 목소리가 예사소리인 그들, 파도 가락처럼 들쑥날쑥한 억양. 돌이켜보니 내가 그런 곳에 발을 딛지 않았다면 외로움의 정체성을 발견할 수 있었을까.

*

 인간이 하루에 8시간의 숙면을 취한다면 인생의 삼분의 일을 잠으로 채울 것인데 다행인 것인지 불행인 것인지 내게 베푸는 잠은 늘 인색하다. 불 꺼진 아파트를 무심히 내려다본다. 아파트는 신이 짚고 다니는 지팡이처럼 어둠 속에서 대기하고 있는 듯하다. 억지로 침대에 누웠는데 비 소리가 들린다. 잠시 후 차에 치여 처절하게 생을 마감하는 고양이 소리를 듣는다. 그 소리는 비에 씻겨 은닉된다. 기억하고 싶지 않은 소리를 자지 못한 탓에 기어이 듣고 만 것이다.

*

 두 남자와 엘리베이터를 같이 탔다. 한 남자는 천장을 보다가 거울을 본다. 한 남자는 머리를 쓰다듬다가 거울을 본다. 세 명이 각기 자기 쪽에 있는 거울을 보고 있다.
 그 남자들은 아침인데도 술이 덜 깨어 얼굴이 붉고 숨을 쉴 때마다 술 냄새가 훅 끼친다. 시간이 갈수록 숨이 막힌다. 두 남자가 함부로 내 숨을 끌어다 숨을 쉰다. 엘리베이터가 멎자 나는 허겁지겁 도망쳤다.

*

파리에 도착해서 말로만 듣던 몽마르트에 갔다. 예술의 1번지라 생각했던 몽마르트는 너무 의외의 장소였다. 가난해 보이는 화가들이 겨울 추위 속에서 언 손으로 지나는 사람들의 초상을 그리고 있었다. 거뭇한 선들이 모여진 그림을 보고 자신의 모습이라며 가슴에 안고 돌아가는 사람들. 살을 에는 추위에도 화가들은 오래오래 그곳을 떠나지 않았다. 가난을 매화향기처럼 흩으며.

*

"시조를 쓰세요?"
그럴 때마다 그의 무지를 일깨워주기 위해 하룻밤을 세워 강론하고 싶을 때도 있지만 사실은 그럴 필요도 없다. 그가 읽고서 무지의 일부를 일깨우고 영혼의 단추를 여미며 자신을 부끄러워했다면 그것으로 된 일이지. 시조를 형식의 틀이나 속박의 기제에 기여하는 문학이라고 생각하는 사람들이 내 주변에는 많다.
바다를 보라. 비행기를 타고 바다를 보면 바다는 지구에 갇힌 환경의 일부지만 그것을 무한히 열려 있다고 생각하는 사람의 안목이 더 희망적이지 않는가. 언어의 형식을 보지 말고 그가 노래하고 있는 저저이 인간다운 정서와 언어의 자유와 무한한 생명력을 발견해 보라.

    *

파도의 두려운 아카펠라는 나에게 시인의 길을 암시하는 시그널이었다. 끝없이 내게 다가서는 암시를 시이게 하는 일, 그것은 이제 내 몫이다.
때로 우둔하여 놓치더라도 길길이 따라 나서리라.

이 숙 경

1966년 전북 익산에서 태어나
전주교육대학교 국어교육학과 졸업하다.
2002년 《〈매일신문〉》 신춘문예로 등단하였고,
〈영언〉 동인으로 있다.

파두

초판 1쇄 펴낸 날 / 2009년 9월 10일

지은이 / 이 숙 경
펴낸이 / 박 진 환

펴낸 곳 / 만인사
등록번호 / 1996년 4월 20일 제03-01-306호
주소 / (우)700-813 대구광역시 중구 대봉2동 743-7
전화 / (053)422-0550
팩스 / (053)426-9543
홈페이지 / www.maninsa.co.kr

ISBN 978-89-6349-006-9 03810

이 책의 내용의 전부나 일부를 재사용하려면
반드시 저작권자나 만인사 양측의 동의를 받아야 합니다.

값 7,000원